AF435873

Del encuentro

al adiós

Antología poética

VENADO REAL

Del encuentro al adiós
Antología poética
© 2021, Andrea García R. - Denisse Martínez - Fredy Jiménez - Hermógenes L. Mora - Jorge Tarafa - Juliana Del Pópolo - Noelia Guzmán - Shanella De La Cruz - Simón Caballero - Víctor Taveras

© de esta edición:
Ediciones Venado Real
edicionesvenadoreal@gmail.com

Primera edición: noviembre de 2021

ISBN: 978-9915-9399-4-0

Dirección editorial: Juliana Del Pópolo
Edición: Lilibeth Acevedo
Corrección: Juliana Del Pópolo
Ilustraciones: Paloma Niedfeld
Diseño de cubierta y diagramación: H. Kramer

Esta edición:

Cualquiera que haya trabajado en equipo sabe que no es tarea sencilla. Congeniar, ponerse de acuerdo y actuar coordinados no es algo que se pueda hacer a la primera y, a veces, tampoco a la segunda. Ese no es el caso de esta antología, pues fue armoniosa desde el principio. Quizá se deba a que este poemario nació del deseo de la colaboración y no de la obligación, o al hecho de tratarse de almas sensibles, como suelen ser los poetas. Sin importar cuál haya sido la razón de esta unidad, quisimos plasmarla en este poemario.

Con el fin de demostrar comunidad, buscamos aquello que tenían en común cada poema y lo juntamos con sus hermanos. Es así como descubrimos cada tema. Cada título representa uno de los momentos en la vida por los que todos, de una forma u otra, pasamos; ya sea con una relación, un sueño, un proyecto o un sentir, pero que siempre dejan mella en nuestra persona.

Encuentro se refiere a ese primer contacto con aquello que nos cambió la vida y que, solo mirando hacia atrás, podemos darnos cuenta de que fue el inicio de todo. **Realidad** es ese momento de revelación en el que el sentido común nos golpea, para bien o para mal. **Juntos** habla de la compañía con la que transitamos ese viaje. **Deseo** refleja las ambiciones más íntimas, aquello que queremos conseguir. **Plenitud** muestra la realización de esos sueños o el punto en el que casi logramos alcanzarlos. **Razones** intenta descubrir los porqués de nuestras acciones, detenerse para recordarnos el camino que hemos escogido y ayudarnos a volver a encaminarnos, si es que lo hemos perdido. **Separados** rememora ese instante en el que nos quedamos solos y desamparados, extraviados en las rutas de nuestra propia vida. **Anhelo** es el deseo desesperado de volver a encontrar lo perdido u obtener lo que, por largo tiempo, hemos perseguido. **Pasado** es una mirada hacia atrás a todo lo que hemos ganado y lo que no fue, lo vivido y aprendido. Y **Adiós** es la necesaria despedida. El aprender a soltar para poder seguir adelante.

Cada poema se relaciona y cada autor se expresa con estos temas de forma individual y única, pero al mismo tiempo, entre todos, logran hacernos apreciar lo que ellos han sentido a cada paso de ese viaje, aunque hayan ido por diferentes senderos.

Lilibeth Acevedo, editora.

Prólogo

*"**N**uestro encuentro fue un choque de realidad.*
El estar juntos fue el deseo que pedí iluso a las estrellas.
Vivir en plenitud sin razones para irme.
Separados por la distancia, pero con el anhelo de volver.
Nunca ser pasado, decirnos «hasta pronto»,
pero nunca, nunca pronunciarnos un adiós".

01:30 a. m.

¿Qué esconde un adiós?

Dos miradas que un día se entrelazaron, una moneda lanzada al aire: cruz, te quedas para siempre; cara, seremos fugaces. Pero en lo que cae la moneda es tiempo suficiente para comenzar a escribir nuestra historia. Que empiece en otoño y termine en el mismo, empapados de sueños, de esos que, aunque pase el tiempo, siguen en los dedos; como quien juega con purpurina, pasan los años y no desaparece de las sábanas; como quien juega con un cigarrillo, el cual dejas a medias, por si el adiós no era cierto.

¿Qué esconde el pasado?

No es secreto que nuestra vida es un ir y venir de historias, corazones que tuvieron una charla de ocasión, con los que nos tropezamos y queremos quedar en esa caída, porque hay con quienes vale la pena no encontrar nunca la escalera de emergencia. El pasado esboza un fantasma como la cola iónica del cometa Halley, que, aunque estaba a miles de años luz, lo seguíamos viendo y pidiendo deseos, aunque nuestra voz ya no lo alcanzara, aunque ya hubiera salido de la galaxia.

¿Qué esconde un anhelo?

Convertirse en aquello que no sabes que buscas, pero quieres, el nombre que pronuncies no sin antes gesticular una sonrisa, el querer ser la página favorita que marcas en este libro de tu vida, a la que siempre regreses porque leerla siempre es diferente. Un anhelo esconde esperanzas, muchas veces falsas, plegarias por aquellos rumores de guerra de si te vas o te quedas.

¿Qué esconde una separación?

La bandera en alto de una tregua por un cuerpo inerte pidiendo paz a este atentado sin balas ni granadas. El dolor de dos ojos que no entienden que nunca volverán a verse.

Los puntos suspensivos que suenan igual a un portazo.

Las manos que no se quedan vacías, pero si con un montón de espacio.

¿Qué esconden un cúmulo de razones?

Dudas, silencios que hacen más ruido que este lápiz masoquista rompiéndose por remarcar las letras de las cartas, para que se traspasen a la hoja siguiente y mientras lees la segunda página, recuerdes que la primera sigue hablándote.

¿Qué esconde la plenitud?

Un hogar rodeado de hortensias donde residen los océanos que ya no te lloran, donde las hojas del calendario caen y ya no me importa, porque ahora los sueños los tengo con los ojos abiertos a mediodía.

¿Qué esconde el deseo?

Las ganas, las que tenemos de comernos a besos, convertirme en *Psique* y tú en *Eros*.

Llenarnos de sabores los dedos y de estandartes la piel en cuanto la lengua conquiste un nuevo sitio.

¿Qué escondimos cuando estábamos juntos?

Los insomnios donde el café se nos ponía frío, los pincelazos que nunca tocaron el lienzo, pero sí a nosotros, las células que aprendieron a respirar sin oxígeno, pero nunca sin ti.

¿Qué esconde la realidad?

Que la moneda ya cayó, y no fue lo que escribí.

¿Qué esconde un encuentro?

Que por mucho que quiera habitarte las pupilas, hacer de tu sonrisa mi bandera y de tu nombre mi capital, esta vez, la vida ha decidido que solo seas mi hubiera, mi viaje *del encuentro al adiós*.

Querido lector:

Aquí tienes tu boleto. ¡Disfruta tu primera parada! Tal vez la moneda a ti te caiga en cara, pero no te enganches con ello, así termine todo en portazos, lo que importa es el nudo. Mi historia favorita es la de mi peor desamor, pagaría nuevamente las lágrimas que derramé por volver a pasarla, no le cambiaría nada, pero la viviría con más intensidad. Átate bien los dedos no sea que se te escapen letras en cartas que quieras enviar sin remitente. Pase lo que pase, recuerda que no estamos exentos de despedidas, pero procuremos, por lo menos, decir *hasta luego*, no sea que pronunciemos un *adiós* y cuando vaya al sur y tú al norte, nos encontremos.

—Por muy lejos que vayamos, el mundo es redondo,
nos veremos, aunque tal vez
con distintos ojos—.

Gilraen Eärfalas, 20 de octubre del 2021.

Encuentro

Tu llegada

Recuerdo ese lunes,
me encontré contigo
cerca de los salones de clase,
me sonreíste,
sin conocer siquiera mi nombre.

Hay vidas que cobran sentido
cuando sienten amor, atracción,
o un cariño especial por alguien.
Como la mía.

El momento en que te conocí,
fue un momento de gloria,
una explosión de alegría,
algo extraño que hacía rato no sentía,
inexplicable.

Mi corazón se sentía feliz con tan solo
tu presencia en mi vida,
aunque no contara con tu compañía.

Tu llegada fue mágica,
pero a la vez,
tras ella,
sufrí cada una
de tus sublimes despedidas.
Me obligó a comprender
lo irónica que puede ser la vida.

Andrea García R.

Paralelo

Te vi pasar
y me arrancaste el aliento
en un solo pestañeo.
Apenas pude suspirar
por aquel sueño fugaz,
donde creí que había un roce de corazones.
Hasta aluciné con que tus latidos eran míos,
y soñé con tus caricias y tus besos.
De manera paralela,
se rompió mi alma en dos,
porque todo lo había imaginado.

Apenas se fue aquella historia,
de alebrijes y mentiras,
empecé a armar versos.
Y otras reales comenzaron a nacer,
justo en el momento en que saqué
todo un mar de sentimientos,
de las cenizas esparcidas
por todo mi interior.

Al otro lado de mi tristeza,
se armaban historias paralelas,
con las palabras que salían
de mi extasiado sentir,
y expresaba con mi pluma.
Surgían ansias de amores
en aquellos que las leían.

Valió la pena mi sufrir.
El pesar de este dolor
volvería a vivirlo mil veces
para ver, de nuevo,
todos esos sentimientos paralelos,
queriéndose enlazar, a ver si esta vez,
se amarran con el verdadero amor
y acaban en un eterno y cálido idilio.

Denisse Martínez

Amor de ocasión

Te encuentro en el momento justo,
para poder apreciar la naturalidad
que habita en tu ser.
Qué placer el de poder desembocar entre tus pupilas,
y acampar en tu vida
con el ruidoso cantar de tus carcajadas,
mientras disfruto del delicioso aroma
que desprende tu cuerpo y permanezco
serena entre tus brazos.

Pero no he corrido con suerte,
te he conocido en el tiempo equivocado.
Porque basta tan solo verte para percibir
que sigues perdido en la jungla de su pecho,
en la que aún resides,
a pesar de que tus labios
no ponen resistencia al ser rozados por los míos.

Quisiera que fuese distinto,
que tus desvelos llevaran mi nombre
y, también, un par de poemas escritos a lápiz y papel,
pero no, no soy yo tu musa,
solo soy un amor de ocasión.

Shanella De La Cruz

Conocí a alguien

Cuando empezaba a creer que todo estaba perdido,
de repente alguien llega a mi vida.
Yo, que creía imposible que existiera
una persona capaz de enamorarse de mí,
dispuesta a cuidar mi desastre.

Él no intenta cambiarme y se siente cómodo conmigo.
Esa persona me quiere
y me revuelve, más que el pelo,
todos los sentidos.

Se preocupa por las cosas sencillas
e incluso de las que otros no habían percibido de mí.
No le teme al compromiso y mucho menos al amor.

He conocido a alguien
dispuesto a mantenerme en tierra,
sin necesidad de cortarme las alas.

Noelia Guzmán

El arte que eres

Muchacha linda, de ojos color universo,
te digo que las historias no suelen repetirse.
Te digo que,
fue casualidad que nuestras miradas se hundieran,
como dardos en el alma,
como aves entre olivos,
como estrellas en noches oscuras.

Te digo que,
así como nebulosas, estrellas y agujeros negros
en silencio brillan, existen,
y son la más perfecta creación
que lo divino haya podido tallar,
también lo es el arte que tú expresas,
en el silencio y en lo reservado.

Muchacha linda de ojos color universo,
—te quiero así, te quiero siendo tú, simplemente tú.

Víctor Taveras

Tropiézate conmigo

No soy piedra,
soy piel que se eriza,
alma que se entrega,
espíritu que abraza,
y corazón que al amar
se prende en llamas.

Soy lo que las heridas hicieron de mí,
lo que los miedos que vencí me permitieron lograr,
lo que el amor que guardo me llevó a soñar.

No soy piedra,
pero tropiézate conmigo,
y, si algún día
te llegara a doler un fracaso,
estaré contigo
y haré que no duela tanto.

Fredy Jiménez

¿Qué hay detrás?

Dime, cuéntame lo que ocultas, cuéntame lo que callas.
Háblame del paraíso que se ha posado sobre tus pupilas,
háblame del arte rococó que hay detrás de tus ojos.
Convérsame sobre el edén que has ocultado
detrás de tu mirar.
Dímelo entre dientes,
dímelo entre gestos y murmullos vivos.

Empápame del manantial de tus pensamientos,
embriágame de todos los secretos que has guardado,
aniquílame y hazme cumplir condenas de mil vidas,
pero muéstrame lo que ocultas
detrás de tu hermoso mirar.

—Empápame de ti, hasta que mi alma se quede sin aliento
por las historias que disimulas, en tu silencioso mirar.

Víctor Taveras

Juego de amor

Juguemos a ser buenos
en esto del amor,
aunque traigamos heridas
que demuestran lo contrario.

Inventemos nuestras propias reglas
o vivamos sin ellas, que quizás es mejor.

Que amar de verdad,
sea nuestra promesa irrompible.

Me han dicho tus miedos
que en las batallas has perdido tanto como yo,
un poco de corazón,
un poco de alma,
un poco de ganas.

Pero ya que no nos queda nada más que perder,
apostemos las heridas.
Pero que nadie pierda esta vez.

Tú me ganas a mí,
y yo te gano a ti.

Fredy Jiménez

Para el chico aquel

Créeme cuando te digo que no vine a organizar tu vida,
mucho menos a cambiar tus ideales.
Solo quiero ser aquella página que hojees a la izquierda
cuando desees recordar algo bonito.
Quiero ser parte de la historia que le describas al mundo
cuando te pregunten qué es estar loco.
Quiero ser ese número sin nombre en tus contactos,
al cual puedas llamar cuando nadie esté para escucharte.
Quiero ser esa pequeña llama
que se mantenga encendida en ti
cuando hayas olvidado lo que fuimos.
Son tantas cosas las que quiero, sin embargo,
me conformo con ser la chica
que te desprenderá una sonrisa
al leer estas líneas.

Noelia Guzmán

Donde viven mis sueños

El río y tú me trajeron aquí.
Desde entonces,
aquí viven mis sueños.
Aquí donde estás tú.
Donde el tiempo se detiene
y tú me miras y me sonríes.

Donde estás tú,
ahí viven mis sueños.
Donde nada es para siempre
y todo tiene tu olor.
Aquí viven mis sueños,
donde nada pierde el encanto
y todo lleva tu nombre.
Donde los versos riman
y las palabras nacen del corazón.
Ahí viven mis sueños,
donde te miro
y se detiene el tiempo.

Ahí vive el amor mío.
Donde estés;
aunque sea lejos,
Donde vayas;
aunque yo tarde en llegar,
allí seguro vivirán mis sueños.
Donde pueda verte y tú me mires,
donde seamos uno en un abrazo,
donde me respires y te respire.

Donde tu estés, siempre, siempre.
Allí, seguro,
seguirán viviendo mis sueños.

Denisse Martínez

Realidad

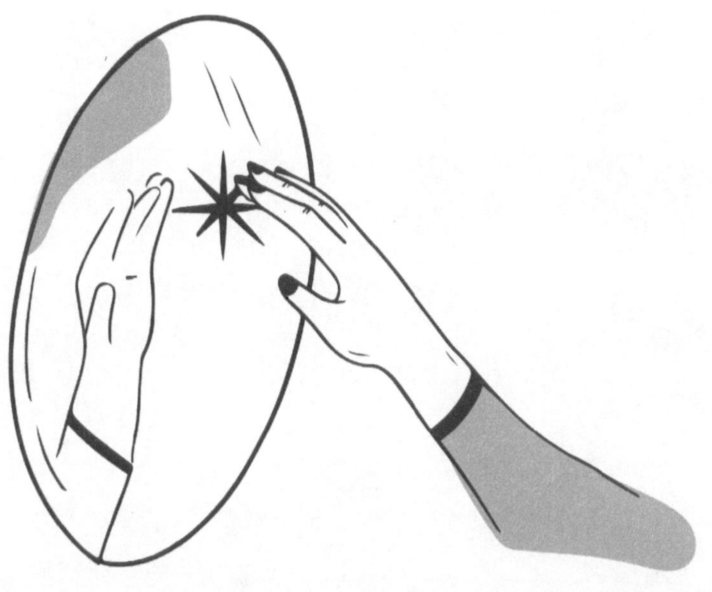

Estrategia

En medio de esta guerra colosal,
no tengo estrategia para combatirte.
Me encuentro en el centro
de ese campo de batalla
que eres tú,
totalmente desarmada.

He perdido cada una de mis batallas
y ya no sé cómo más pelear.
Cuando más perdida estoy,
apareces con muchas más armas para combatirme.
No me queda más remedio que
levantar los brazos y rendirme ante ti.
Otra vez me has vencido.
Es mi segunda guerra contra ti.

De las batallas,
ya he perdido la cuenta.
Tu estrategia me ha vencido,
ha dominado mis ejércitos y mi destino,
ha devorado la esperanza
de conquistar mi libertad,
me ha convertido en prisionera
de la ruina y el martirio

Al perder esta batalla,
más que física,
estoy mentalmente devastada.

Estaba convencida
de que me había preparado,
que había entrenado lo suficiente,
para devorar el miedo a ser derrotada.

Saberme vulnerable a ti
es tu mejor arma de guerra,
y peleas sin ningún remordimiento
contra mis dudas.
Aniquilas con cada batalla
mi esperanza de vencerte,
me conviertes otra vez en tu rehén,
y asesinas mis sueños y anhelos.

Esa es tu estrategia.
La mía no era buena
y, aunque lo fuera,
no me habría funcionado,
porque cuando estoy
luchando en tu terreno,
pierdo toda ventaja.
No aprendí a ser letal,
no preparé planes perfectos.
En verdad,
no estaba preparada para pelear esta guerra.

Denisse Martínez

Mi musa

Mi musa no existe.
Es etérea,
impalpable,
sublime.
Se esconde en las olas.
Se mezcla con la brisa.
Alimenta las brasas de mis fuegos.
Hace hogar en el lado oscuro del corazón.

Mi musa no existe,
pero vive en todas las cosas,
sin vivir en ningún lado.

Está ahí.
Donde la veo y donde no la veo,
encadenada en el para siempre,
muriendo en el nunca jamás,
gritando en silencio desde su esquina,
jugando a dejarse alcanzar.

Pero no la atrapo,
porque no está ahí,
porque mi musa no existe.

Jorge Tarafa

Lo más pequeño

Comprender el porqué del cosmos
surge de lo pequeño,
surge de lo inusual,
surge de las casualidades
y de las preguntas susurradas al oído.
Por eso para entender el amor
debemos entender cada «te quiero».

Para comprender el universo,
debemos entender lo más pequeño,
porque es de ahí que surge lo bello,
porque lo pequeño es la encarnación, a escala,
de lo desmedido del universo,
de las galaxias y el caos entero.

Para entender el universo,
debo comprender lo más pequeño y bello de ti,
porque eres esa partícula de "nada"
que flota por el vacío del espacio,
y en tus pupilas yace, a pequeña escala,
lo bello y hermoso del universo.
Quien desee entenderlo, deberá conocer cada rasgo,
cada silencio, cada temporada de caos, y cada lagrima.

—Eso, es el universo que vive en ti.

Víctor Taveras

Espacio liminal

Estoy entre el todo y la nada.
Habitando esta línea de tiempo
y viajando entre los signos.
Me encuentro rodeando la curva
de los minutos que no pasan,
y tengo mi hogar en las palabras
que se guardan en los labios.

Parezco ser, a veces,
y otras, soy con desdén y furia.
Vivo, existo, navego y habito.
Entre parte.
Fuera y todo.

Le pertenezco al cielo en la mañana,
y a la noche cuando llueve.
Porque me he visto ciego, dicen.
Porque me llaman a placer.
Porque no soy más de lo que alegan.

Porque habito en forma de creencia.
Como un rumor, una esperanza,
como una línea que divide la razón y la espera.
Ahí me encuentras.

Simón Caballero

Duendes

Tengo seis duendes viviendo en mi cabeza,
escribiendo ensayos y novelas,
cuentos y poemas.

Depende el movimiento que se requiera,
son capaces de enamorarte y encantarte,
aunque a veces duela.

Escriben en mis neuronas,
mientras destapan unas cervezas.
Y es así como estos pequeños duendes,
de actitudes perversas,
tallan sus locuras, escondidos en mis cicatrices.

Tienen el poder de hacer latir,
sin que se dé cuenta el portador,
cualquier corazón.
Incluso a los que, como el mío,
son mitad de piedra y mitad de frío.

Jorge Tarafa

El tiempo

Que no.
Que no se llega tarde
ni temprano
a la vida de las personas.

Llegamos en el tiempo correcto,
en ocasiones solo somos pasantes,
y en otras residentes.

Pero, por favor,
no me vendas el cuento de que nos amamos,
y que llegamos tarde a la vida del otro.
Porque estaríamos viviendo una mentira
por no querer aceptar que no somos
lo que el otro busca o, simplemente,
no nos queremos lo suficiente
como para luchar por lo que sentimos.

Aprendamos a decir adiós sin excusas,
y aceptemos
que no todas las historias
terminan con finales felices.

Noelia Guzmán

La realidad nos grita

Vemos la verdad delante de nuestros ojos,
pero la terquedad nos hace cautivos
de lo que quisiéramos que sea
y nos olvidamos de la realidad
que cada día golpea a la puerta,
llamándonos a gritos,
para que reaccionemos.

La vida se nos va,
mientras perdemos el tiempo
queriendo que ocurran cosas
que, desde lejos, son imposibles.

Dicen que todo se puede lograr,
pero no,
el mundo no funciona así,
eso sería lo ideal.
¿Te imaginas que así fuera?,
porque gracias a la experiencia,
puedo decir que
yo no.

Andrea García R.

Irreversible

Mi muerte pronosticada
pero no consumada,
el café que se enfrió,
sin ponerlo en mi boca.
Tan despiadado eras para herirme,
tan irremediablemente letal.
Como ave negra sobre el moribundo,
en espera de que termine de morir.
Diluvio y desastre en mi angustia,
locura y culpa a la vez,
murmullo y silencio en debate,
amnesia y memoria negociando algunos términos.

Volviste mi mundo un total caos,
pues eras luna llena sobre mis noches,
haciendo mis amaneceres lentos.
Envuelta en cierta inconsistencia,
me encuentro ahora en medio de la nada,
tratando de acoplar todos mis sentidos,
para que mis oídos dejen de escuchar tu nombre,
y mi boca pueda endulzarse
con el sabor de otros labios.
Menuda discrepancia entre la razón y el corazón,
que no terminan de entenderse.
Malditas ansias de volver al principio,
para no enterarme de este final,
incoherente e irreversible.

Denisse Martínez

Resguardo

¿Alguna vez sentiste que te deshacías por dentro?

Es una sensación extraña pero placentera.
El dolor va tomando cada una de mis células
y siento que podría fundirme,
que mis átomos dejarían de luchar por respirar.
Se hace una bola en el centro de mí,
una fusión de emociones
que hace presión, quiere explotar.
Y, mientras tanto, se van colando en mi mente
cada una de las decepciones que llevo tatuadas en la piel;
las mentiras
los abandonos
las desilusiones
perderme
relegarme
no sostenerme
y todo se reduce a un piélago de lágrimas,
me voy deshidratando gota a gota.
La sensación de desolación es insoportable,
me asfixia y ya no soy capaz de pelear por mi oxígeno.

Entonces recuerdo…
las manos de mamá, los ojos de papá,
los abrazos que me reconstruyeron.
Cada uno de los efímeros instantes
en los que conocí la felicidad:
una montaña haciéndome sombra mientras escribía mis

primeros versos,
la sal del pacífico bañándome los pies
y haciéndome parte de él,
los acordes de una vieja canción que interpretaba
cada vez que mi madre me lo pedía,
las tardes bailando y haciendo vibrar
mi cuerpo en emociones,
los besos tardíos que llegaron,
no tarde, sino para devolver la confianza a esta boca,
mis dedos desplazándose inquietos para verter
cada una de las llagas que llevo conmigo
en hojas
y esas hojas en cuadernos.

Y recuerdo,
la capacidad de elegir y entender
que los errores no fueron malas elecciones,
sino la hazaña del aprendizaje.
Las estrellas fugaces que viajan por el universo
con cada uno de mis deseos.
La fiesta que mi corazón prepara
para encontrarme con mis abuelos.
La osadía de no rendirme, de redimirme,
de poder perdonarme.

Inevitable es que el daño nos haga querer claudicar,
es la memoria la que siempre estará ahí para salvarnos.

Juliana Del Pópolo

Carta a mí

Permítete sentir,
pequeño volcán.
Demuéstrate a ti misma
que querer no te hace débil.

Perdónate aquellos fallos
que desde siempre te han atormentado.
Equilibra tu corazón,
pero nunca pierdas la objetividad.

Deja el pesimismo,
entiende que mereces querer
y que te quieran, pero de verdad.

Trata de que el miedo a que te rompan
no te haga romper a los demás.
Suelta las ataduras que te amarran al pasado,
y sostente de algo nuevo.

Entiende que puedes
volver a empezar desde cero,
incluso cuando fallas justo al final.

No temas dar eso que tanto cuidas
por miedo a que alguien no lo merezca.
Quítate esa coraza
que no permite que tu pecho se expanda.
Recuerda que tienes la mejor habilidad:
Regenerarte, sin importar lo que te haya deshecho.

Noelia Guzmán

Juntos

No decir qué siento

Porque los sentidos resoplan,
porque el sonido del agua al caer de hermosas cascadas
dibuja pinceladas de bellos colores al oído.
Porque las lágrimas saladas del mar
purifican la piel magullada por el olvido
de lo que nunca se ha dicho.

Porque el tiempo corre maltratando y desgastando la vida,
mientras los sentimientos apenas gatean.

Aunque la vida se esfume a cada segundo que pasa,
aunque los ríos y bosques mueran,
aunque dejen de dibujarse los hermosos sonidos de la
naturaleza en nuestros oídos,
aunque el caos se impregne en todos los cielos,
aunque el fuego del infierno recorra las venas
de aquellos nobles que,
en nombre del romanticismo, cantan.

—Te amaré hasta el fin de los tiempos.

Víctor Taveras

El beso

No es el beso,
ni tus besos
ni mis besos.
Son nuestros besos
los que siguen
sabiendo bien
entre tú y yo,
y el tiempo,
que es amigo
y enemigo,
ha sido
simplemente eso:
tiempo.

Pero nosotros,
tú y yo,
vamos juntos
a pesar de ese juego tonto
y maravilloso,
y único,
e indescriptible
al que llamamos
amor...

Sigamos jugándolo
para que no se convierta
en costumbre,
y el tiempo

sea el tonto,
y cruel,
bondadoso,
que nos siga
uniendo.

No es el beso,
ni tus besos,
ni mis besos;
son nuestros besos.

Hermógenes L. Mora

Descubrir una mejilla

Mi mejilla era solamente mi mejilla,
no necesitaba dueño,
no necesitaba sueño,
hasta que la vinieron a poblar tus besos,
plantando banderas de tu pertenencia
disfrazadas de cosquillas,
y, poco a poco, me la fuiste colonizando a punta de lengua,
presumiendo el mismo encanto que los
españoles trajeron a nuestras orillas.

Me ofreciste un trueque de oro por sonrisas,
y yo, que soy el peor de los negociantes,
no tuve más remedio que rendirme.
Es así como, poco a poco
y sin encontrar resistencia,
te fuiste adueñando de esta desconocida,
virginal,
y dulce mejilla.

Hiciste casa en ella con el roce de tu aliento,
y le diste techo entre tus labios,
dibujando cada límite y frontera con tus dientes.
De esta manera,
que aparenta ser sencilla,
ya mi mejilla, no era simplemente mi mejilla,
también empezó a ser tuya
y terminó por ser nuestra.

Jorge Tarafa

Viaje hacia el amor

Quiero acurrucarme en el calor de tus labios,
tomar de la fuente de tu amor sin recelo alguno,
deseo sostener tu alma y evitar que saltes al precipicio
por miedo a eludir las olas de sentimientos
con las que quiero arropar tu realidad.
Te propongo tomar mi mano
y juntos desafiar las ocurrencias del destino, ¿te animas?
Porque de ser así, no habrá vuelta atrás,
este es un viaje hacia la locura,
donde todavía se ama a la antigua,
donde se cree en el amor a ciegas
y vale la pena perderse en el laberinto del pecho,
al que todos llaman corazón.
¿Viajas conmigo?

Shanella De La Cruz

Mis noches

Tú, que pasas por el precipicio de mis melancolías,
como un rayo de luna sobre los mares.
A ti te doy mis noches a lo largo y ancho de mis sueños
porque eres la razón perdida,
en el manantial de mis anhelos.
A ti te doy mis respiros, mis suspiros
y mis faltas de oxígeno
porque tu amor inyecta toneladas de aire
en pulmones tan vacíos.
A ti, si fuera el mejor escritor de esta vida,
te daría cada una de mis novelas,
cuentos y fantasías.

—Porque eres el numen de todos los artistas,
de los soñadores y escritores.

Víctor Taveras

Mala costumbre y otros demonios

Has malacostumbrado:
mis insomnios
a tu voz.
Mi cama,
a la perenne silueta de tus ganas en el lado derecho.
Mi espalda,
al trazo errante de tus labios sedientos.
Mis versos,
al ladrido desenfrenado de tus ojos.
Mis sombras,
a la cacería ardiente de la punta de tus dedos.
Mi hastío,
a tu terrible voluntad medalaganaria de ser mía y no ser mía.
Mis pasos,
a la sombra que dejan los tuyos en el aire.

A mis manos,
las has hecho adictas a tu nido,
tantas veces lleno y tantas veces vacío.
Y, a esta sobra de mis sobras,
la has maniatado con tu férrea decisión de olvidar mi frío.

Jorge Tarafa

Cuando me miras

Cuando me miras crees ver lo que siento,
pero no, no logras ver ni la mínima parte
del universo que hay en mí para ti,
y es que hay cosas que no descubrirías
ni siquiera quedándote a mi lado,
porque la inmensidad de este sentimiento,
no tiene límites.
Lo que más me gusta es la similitud
entre la paz que me da la naturaleza
y la que causas en mi vida.

¿Cómo negarme a ti?
Si eres mi definición de amor,
sentir nuevamente contigo me teletransporta,
se siente a otro nivel.
Tú eres mi final, lo supe desde un principio,
desde aquella mañana,
en la que nos encontramos en ese pasillo,
cuando volteé hacia atrás y vi esa hermosa sonrisa
acompañada de un «buenos días».
Desde ese instante, te convertiste en mi sol.

Shanella De La Cruz

Mujer

Mujeres, las que rujen sin decir media palabra.
Mujeres, las que ríen sin resaltar su hermosa existencia.
Mujeres, las que aman con elegancia y firmeza.

Mujer,
desde el fuego del infierno
hasta el agua bendita de todos los cielos,
me enamoré de todo tu ser.

Mujer,
me complace una y mil veces al día ser el escritor
de los bellos sentimientos que provocas,
siendo la musa de todas las bellas artes.

—Eres mi desastre favorito, mi caos preferido,
mi historia mejor contada,
y el amor que nunca he sentido.

Víctor Taveras

Prisionera del tiempo

Luego de abrirte el corazón,
confiarte mis deseos,
piel y alma,
el tiempo nos volvió prisioneros.
A mí, de mi amor profundo por ti,
y a ti, de los deseos de la carne
y de tus ganas.

Mi peor error fue dejarle al tiempo
la respuesta real,
cuando la tenía delante.
Mi instinto me la gritaba con fuerza,
pero yo insistía en dejarle todo al tiempo
porque, cuando nos queremos quemar,
cerramos los ojos,
justo antes de pasar por donde hay fuego.

Quemarme en tu piel,
saciarme en tu ser,
sentirme tu mujer;
seguir cegándome.

Notaba cómo veías otros cuerpos,
mi alma no era especial para ti,
y eso se notó desde siempre,
fue uno de los riesgos que asumí.

Luego de abrirte el corazón
y dejar que tomaras mi piel,
que te apoderaras de mí
dejándome en la nada.

El tiempo pasaba
y todo seguía igual.
Yo era una prisionera
de tus besos,
de tus mentiras,
y de tu cuerpo.

Andrea García R.

Hasta que salga bien

Aunque cueste levantarte y las heridas escuezan,
hay que volver a intentarlo,
hasta que nos salga bien.

Aunque muchos les teman a las nubes grises
y se marchen cuando llueva,
tiene que haber alguien que disfrute mojarse con ellas.

Aunque el camino se obstaculice,
hay personas que te ayudan a seguir adelante
y no retroceder a pesar de los atascos.

Porque, así como hay gente dispuesta a irse
en el primer intento,
hay otras que se quedan hasta que por fin funciona.

Noelia Guzmán

Deseo

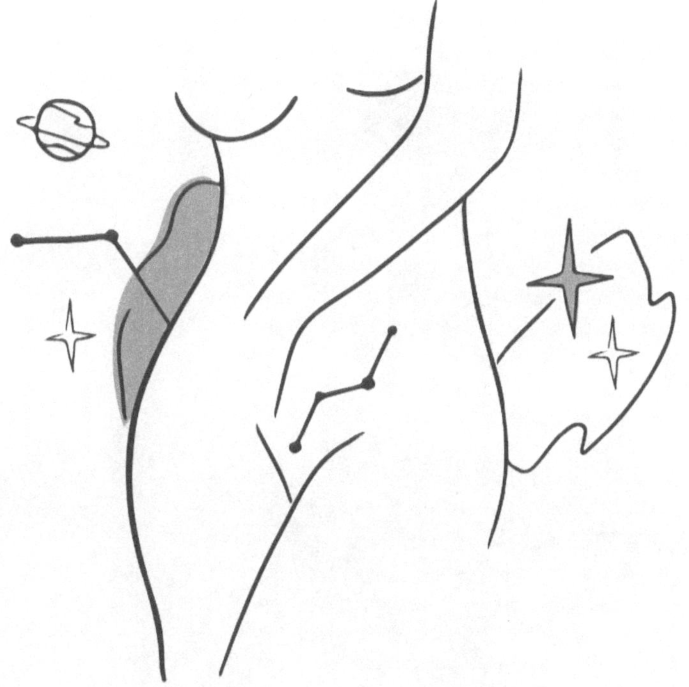

Tengo ganas

Tengo ganas
de tus besos en mi boca,
de tu vida en la mía,
de mis heridas siendo curadas por tus manos.

Tengo ganas
de tu caricia infinita,
de tu sonrisa en la luna
y de tu pelo
haciéndome cosquillas
en el nido de mi pecho.

Tengo ganas
de encender un *nosotros*
que nadie pueda apagar.
Un nosotros conjugado con un *para siempre*.

Como verás,
las ganas me sobran,
pero me faltas tú.

Fredy Jiménez

Su beso

Aquel intrépido beso
me quemó los labios
y me dejó a medio saciar,
a la deriva de tus antojos.
Todavía tengo las cicatrices
que insisto en conservar.

Mi boca respondió a ese beso
que fue tan inesperado,
efímero e inoportuno
como traicionero e inolvidable.
Ese beso, intenso y perfecto,
que aún conservo en mi recuerdo
porque tuvo en mí
un irreversible efecto.
Su boca y la mía se enredaron
en esos segundos repletos
de insensatez y demencia.

Usted ha sentenciado a mi boca
a una inverosímil promesa:
no besar a nadie más.
Porque ¿cuántas bocas tendré que explorar
para comparar su beso?
Y, aunque laceró mis labios
con las ganas de ese beso,
todavía conservo ese momento
cuando se unieron, sin pensarlo,

en ese roce húmedo y travieso,
sin lógica, sin vuelta atrás,
su beso y mi beso.

Denisse Martínez

Dulce pasión

Un día llegué
y, sin saber que llegaría más allá contigo,
nacieron los versos
y las palabras bonitas fueron frecuentes
y como fauno salvaje me lancé ansioso hacia tus fuentes.
¿Quién manda en el destino cuando es aliado y amigo?

Te vi sonriente,
en una imagen que desnudó mi pasión.
Como Adonis deseoso por Afrodita,
expuse todo mi ser
no sabiendo que apostaba a la suerte,
que te podría querer.

La lujuriosa carne despertaba deseos y una gran tentación.

Jugaron los astros su juego y esto sucedió.
Desde entonces me he colmado de tus versos,
y te he poseído entre pensamientos divinos y perversos,
situando, entre tu cielo y mi cielo,
el espacio que nos unió.

Entre lo sublime, lo prohibido y lo que no es sagrado,
beodo entre tus pechos, en el lecho ese día uno fuimos.
Tú, célibe, yo, comprometido,
sudor y gemidos compartimos,
en ese raudo momento en el que yo sigo ensimismado.

Hermógenes L. Mora

Corazón en garantía

Llévame a ese rincón
a donde nunca has llevado a nadie,
te prometo tocar todo
y no romper nada.

Te prometo ser recuerdo,
de esos que llegan a tu mente
y, sin poder evitarlo, sonríes.
Ser de los besos que no se olvidan,
no por cómo se dan,
sino por cómo se quedan jugueteando
en tu alma y en tu boca.
Y ser de los que escriben canciones
con tal de entretenerte el corazón,
hacerte florecer la sonrisa.

Te ofrezco mi corazón
en garantía de mis palabras.

Fredy Jiménez

Te encuentro

Corro con la dicha de encontrarte cuando llueve.
Te encuentro en mi piel, deslizándote con suavidad,
ocasionando que el vello se apacigüe contra el frío
que provoca el clima en mi cuerpo.
Te encuentro en mis labios, que han conocido
la añoranza de la trágica pérdida de los tuyos,
se ahogan en los recuerdos del roce a roce,
mientras el cielo se cae a cántaros.
Te encuentro en mis ojos donde, al cerrarlos,
revivo cada imagen en la que fuimos
momentos, relámpagos que duelen en el pecho
como el fuerte ruido de un trueno.
Corro con la suerte de encontrarte cuando llueve,
o al menos eso siento.

Shanella De La Cruz

Poema de amor

He transformado la melancolía en delirio.
La piel reconoce al amor cuando lo toca.
Es ese amor la respuesta,
la inmensa maestría de la vida.

Es el amor, la paciencia y la fe.
La fe en lo acaso pasado, en lo presente.

Es su voz, la letanía de fuego
que enciende los pechos sedientos.

Es su mirada, la dulce flor que nace en el bohío,
el amor que se hace luz cuando es gemido.
Solo este abrazo sella el sentimiento,
esta idea de querernos.

Simón Caballero

Primorosa

La curva de tu primorosa existencia
es amor esbelto en tiempos de frío.
Es concordia en periodos de guerra y conflictos.
La curva de tu primorosa existencia
es amor suministrado en sobredosis de ti.
Es calmante de la realeza con sabor a tu romántico vivir.
La delicadeza fue forjada, ensamblada y manufacturada,
porque la curva de tu primorosa existencia
es dulce como miel de abeja.
Es aromático como las flores de la primavera y, sobre todo:

—Es lo bello, lo hermoso, lo divino y lo lleno de purezas.

Víctor Taveras

Sabores caprichosos

Es dulce tu espalda,
el abismo que se abre entre nuestras miradas
cuando tu camino pierde el rumbo
y el mío se convierte en vacío.

Es dulce la idea de lamernos las heridas
y hacer que allí germinen flores,
pero si no puedo regarlas con mis lágrimas
no hay semilla que sobreviva en ese hueco.

Es dulce el temblor que desatan tus piernas
cuando se envuelven con las mías
y nuestros cuerpos encuentran una ruta nueva
para desquitarnos todos los dolores.

Es salado el rocío que desprende tu piel,
ese que en las mañanas empaña las ventanas.
La ciudad está radiante, el sol se ríe a sus anchas,
pero dentro de estas cuatro paredes hay una tormenta.

Es salada el agua, esa que nos rompe
como pequeñas caracolas
cuando intentamos cruzar este océano —la cama—
y solo nos encontramos naufragando entre sábanas,
porque la distancia cada día parece ser más grande.

Es salada la sangre que brota de la herida
que escuece como mil espinas pinchando a la vez,
clavándose hondo en la carne tibia,

desmadejando cicatrices interminables
que, alguna vez pensamos, habíamos enterrado.

Son dulces y salados, ambiguos, contradictorios,
los días gélidos que provocan nuestras inseguridades,
las tempestades indómitas que no somos capaces de frenar,
que se desenvuelven cada dos por tres
y llenan cada recoveco
de este espacio –la distancia que hay
entre tu cuerpo y el mío–
de montañas heladas y, otras tantas veces, de volcanes.

Por momentos, temo congelarme en la eterna espera
de que mi lengua dulce vuelva a cobrar vida,
y algunos segundos siento que mi cuerpo salado explotará
y la lava nos consumirá a ambos.

¿Pueden coexistir el miedo y el amor?

Juliana Del Pópolo

Debía irme

Quería irme.
Error, debía irme,
pero mi cuerpo era más suyo que mío,
mis labios solo deseaban sus besos,
mi piel sus caricias.
Estar sobre él
era el más grande de mis anhelos,
las noches a su lado,
en sus brazos, se habían convertido
en el mejor sitio para estar.
Debía irme,
pero no encontraba el camino.
Para mi suerte,
mis sentimientos se hallaban
retenidos en su pecho,
como si se tratase de una condena
por los corazones que,
inconscientemente, quebré en el pasado.
Debía irme, pero
¿cómo rayos encuentras algo sin querer hacerlo?

Shanella De La Cruz

Noche de desilusión

Fue un día normal
cuando dejé fluir todo,
cuando dejé que el destino me llevara
a donde quisiera.

Olvidé
que me podía mostrar muchos caminos,
pero solo había uno
que me llevaría a mi verdadera felicidad.
Y, qué fuerte,
sabía que tomar el camino correcto
me rompería el corazón,
me llenaría la noche, los sueños y la vida
de total decepción.

La felicidad depende
de la decisión que nos llevará
a donde, en verdad,
queremos estar mañana.

Esa noche devastadora
me mostró que la piel es,
en gran parte,
quien domina los sentimientos del alma.

La piel, más que deseo, guarda secretos,
guarda motivos.
Y cuando el corazón está flaqueado,
la piel pierde y la desilusión vence.

Andrea García R.

Plenitud

Si me lo permites

Me quedo a vivir, si me lo permites,
en tus abrazos,
que me llenan de paz;
en el laberinto de tu pelo suelto,
que me hace perder la cabeza
y en el cielo de tus ojos café,
que son un vicio para este alma
que nunca duerme si se trata de amarte.

Me quedo,
porque en tu mirada
vieron vida mis sueños.
Y en tus manos,
se alegró mi latir.

Me quedo a vivir en ti,
porque para mí
eres eso a lo que llaman
hogar, dulce hogar.

Fredy Jiménez

Amor entre signos

Te amo, de la A a la Z te amo.
Te amo con todos los verbos del amor.
Te amo con sus comas, sus puntos,
puntos y aparte y sus puntos suspensivos,
te amo.

Hablar no quiero de un punto final,
porque el final de un verso
es el inicio de otro.
Los puntos suspensivos son mejores.

Te amo porque sos mi virgulilla y mi coma,
mi punto y aparte y mi punto y seguido,
la tilde con que se tilda mi corazón.
La metáfora más exquisita de un poema,
mi epífora, mi epíteto,
mi anáfora, mi complexión.

Sos el verso del poeta errante.
Te amo, así de simple y de extraordinario,
el poeta vago, el poeta estrafalario,
soñador errabundo, de la vida caminante.

No me preguntes por qué te amo,
pregúntale al sol por qué nos ilumina.
Al viento, por qué nos oxigena
y a la luna plateada
pregúntale por qué se esconde de tu mirada.

No me preguntes por qué te amo.
Te lo diré, así de simple:
¡te amo!

Hermógenes L. Mora

¿Qué es el amor?

Una vez dije que no tenía un concepto claro
de lo que era el amor,
y la verdad sigo sin tenerlo, pero he creado una teoría.

El amor simple
es ese mensaje de buenos días cada mañana,
es esa llamada que hacemos por las noches para preguntar
¿qué tal el día?

El amor
es la preocupación que sentimos
cuando tenemos tiempo sin saber de la otra persona.
Es el apoyo que damos,
más el que estamos dispuestos a ofrecer
en caso de que la otra persona lo requiera.
Son los pequeños sacrificios que realizamos,
para lograr grandes cosas en equipo.

El amor
son todos esos detalles que hacemos
para no caer en la monotonía.
Son las letras de las canciones que nos dedicamos.

El amor
son los planes que tenemos juntos,
es la esperanza de la cual están
cubiertas nuestras emociones.

El amor
es aquello que todavía no he podido definir,
pero que siento desde que habitas en mi alma.

Noelia Guzmán

Intento de verso

En este momento oscuro
donde, abandonado en el alba,
me siento en el acero del silencio de la noche,
reuniendo las fuerzas que no tengo,
tan solo para decirte,
que, por primera vez en mucho tiempo
        tengo miedo.

Sí, te lo juro,
        tengo miedo.
Tengo miedo de escribir a tu lado un "nosotros",
tengo miedo de escuchar mi nombre,
saliendo de tus labios después de un "te quiero...".

Sí, te lo juro,
        tengo miedo.
Tengo miedo de terminar perdiéndome en tus ojos,
de tener ganas de ser feliz a tu lado.

Sí,
    tengo miedo.
De embriagarme en la ilusión de mi futuro contigo,
e imaginar por un segundo que esas
sonrisas tuyas sean por causa mía.

Sí,
    te juro que tengo miedo.
Porque sí,

porque sé que no hay nada que pueda hacer,
para no enamorarme de ti.

Jorge Tarafa

Bello Destino

Al mirar más allá del confín de los tiempos y el cosmos,
al mirar más allá de las estrellas,
se ha trazado el rumbo del latir de tu corazón,
se ha dibujado tu existencia entre chozas y cañaverales.

Se ha consagrado tu puesto en el altar de los dioses.
Se ha guionizado tu respirar
en el sonido de todos los bosques
y se ha medicado el mundo
con todo lo bello que tú le has otorgado.
Al mirar más allá del confín de los tiempos y el cosmos,
al mirar más allá de las estrellas,
aunque hayas olvidado el sabor
de los antiguos amores de otoño,
la firma de tu alma es proclamada por todo lo vivo,
por todo lo muerto,
por todo lo divino de este y todos los mundos.

—Eres bello, Destino.

Víctor Taveras

Puedo escapar

Puedo escapar, huir de ti,
pero, siendo honesta, no quiero.
No quiero dejar de sentir tu respiración
cuando tus labios van al encuentro de los míos.
No quiero que sean otros brazos lo que me acurruquen,
mientras llueve y observamos
cómo la niebla cubre las montañas.
Puedo escapar, no saber más nada de ti,
pero, siendo franca, no quiero.
No quiero dejar de verte como loca enamorada
durante tu momento,
ese en el que te la das de artista y cantas para mí.
No quiero que nadie más intente siquiera
hacerme el amor, porque ya lo he conocido contigo.

Shanella De la Cruz

Azul

Si este amor fuera un color, sería azul.
Por tus ojos cielo, que recuerdan mi hogar.
Por tus caderas juguetonas, iguales a las olas.
Por tu piel de sal, que invade mis océanos.
Si este amor fuera un color, sería azul.
Como el día
cuando va abandonando la noche en su fantasía.
Como un campo de hortensias.
Como una letanía.

Azul, como la calma de un estanque.
Así somos nosotros, vida mía.

Simón Caballero

Sus ojos

Quiero hablar de sus ojos,
dos marcos llenos de vida
de los que emanan sueños,
alguna que otra pena,
y mil y una verdades.
Quiero hablar de esas dos minas
llenas de diamantes,
que refulgen con una fuerza inigualable
cada vez que se encuentran con mi boca
—no sé si debería atribuirle a mi boca tanta suerte
o aceptar que el destino así lo quiere—,
que no se amilanan al encontrarse
con la soledad en la que, a veces, mi alma naufraga,
que no hacen más que poner paños tibios
en cada uno de los agujeros que las balas
dejaron en mí.

Quiero hablar de esos ojos color café
que me endulzan los días,
me despiertan en deseos,
me recorren con lujuria,
me hacen suya y, con tan solo observarme,
despabilan mis sentidos
y me ponen en alerta cuando sienten
que el miedo está por hacer estragos otra vez en mí.

Quiero hablar de esas dos pupilas
enmarcadas en pequeñas cerdas de oro,

en las que me gusta caer –tan seguido como puedo–
porque allí no hay más que ternura,
paciencia,
humildad.

Estoy hablando de sus ojos, sí.
Hace un tiempo que no tengo la dicha de nadar en ellos
y la espera se está haciendo eterna,
no solo porque quiero hundirme allí
y salir nada más si es necesario,
sino porque, de tanto esperar,
la costumbre le puede ganar al amor,
y yo no quiero perder mis preciados segundos
en los que la vida se reduce
sin que nuestras miradas se fundan en un universo propio
construido por y para nosotros.

Juliana Del Pópolo

Amor verdadero

Yo no sé a qué edad se encuentra al amor verdadero,
pero arrancaría las hojas de mi calendario,
y detendría las manecillas del reloj
para no ver pasar el tiempo,
y que ese verdadero amor
seas tú.

Y que seas tú, los pies con los que bailaré
mi primera canción,
con los que pisaré contento las hojas de otoño,
con los que saltaré en la arena
como un niño que nunca conoció el mar,
con los que correré detrás de la luna
cuando se me quiera escapar,
y con los que iré tras los sueños que sean de los dos.

Que seas tú, las manos con las que acariciaré
y sabré lo que es ganar en el último intento,
con las que sostenga las alas de cupido
cuando se canse de andar juntando corazones,
y con las que me abra paso a nuevas formas de amar.

Apuesto mi fe a que eres tú.

Sé que eres tú.

Fredy Jiménez

Reflejo

A veces lo encuentro en el agua,
dividiéndose en líneas eternas.
A veces, en el cristal más común
adornado con pantallas o vestidos de otoño.

Se hace el esquivo
y se esconde en las ventanas ajenas de los autos.
Y se funde en el rostro inesperado
que se asoma.

Lo vi, rodeando la esquina.
En un zapato brillante
y se abrazó a un árbol,
absorbido sin tregua.

Siempre me acompaña,
pero me encanta verlo
cuando sus ojos me muestran
lo feliz que soy.

Simón Caballero

Razones

Dudas

¿Por qué pierdes el juicio en tu marcado egoísmo
por evadir mis sentimientos con tus largos silencios?
Si sabes que de todos modos
están jodidamente perdidos por ti.
¿Por qué huyes de lo que sabes que estás sintiendo?
Si tu locura e insensatez
son aún peores que las mías.
¿Por qué te portas irreverente conmigo?
Si soy todo lo que estás seguro que quieres.
¿Por qué me lastimas con tus mudas palabras?
Si sabes que espero con urgencia
todo lo que tienes que decirme.
¿Por qué te respiro y te sueño cada noche
si me confunden tus dudas?

Necesito que mi corazón sea reflexivo
y se alinee de una vez con mi mente,
y así desacelere la velocidad con que te anhela.
Necesito que se confunda
y sienta que no te quiere tanto como sé
que sí te quiero.
Espero que tus dudas sean suficientes
para retroceder esta acelerada y estrepitosa ruta
que llevo hacia mi perdición.

Veo con intermitencia cómo divagas
entre tu miedo a sentir
lo mismo que yo estoy sintiendo

o mantener tu corazón a salvo.
Me doy cuenta de que
mi angustia tiene la razón.
Ojalá sea capaz de detener la rapidez
con que te adentras en mi alma
para evitar que, si al aclararse tus dudas
tus sentimientos no son para mí,
sea demasiado tarde, y ya esté sin retorno,
más que perdida en ti.

Denisse Martínez

Sacrificio de amistad

Siempre me atreví a exponer lo que sentía,
aunque perdiera todo en el intento,
no sé si esto
era un don o un defecto.

Te veía y no podía seguir ocultando
el sentimiento que guardaba mi pecho.
Me estaba asfixiando,
me estaba matando.
Te veía y era un nudo en la garganta,
y un completo desorden en mis emociones.

Prefería sentir paz,
vaciarme de todo esto,
aunque corriera el riesgo de salir
decepcionada,
rota,
o feliz.

No saldría ilesa.
Saldría
o ganando un amor,
o perdiendo un amigo.

Andrea García R.

Tú

Guardo en un cajón,
los «te quiero» que, por defensa propia,
nunca me atreví a decirte.
Porque sabía lo mortal que sería
tener que recoger los pedazos
cuando llegara la hora de mi partida.

Admito que no era fácil para mí
tener que callar
lo que mis hechos demostraban a gritos.

Cada beso mientras dormías,
cada «buenos días» al despertar,
y cada abrazo al despedirme.
No eran más que formas de decirte
lo mucho que te quería.

Noelia Guzmán

Me gustás

Me gustás,
no porque sos bella,
ni por el verde hermoso
de tus ojos
ni por tu rubio cabello.
O quizás si...

Me gustás porque
me hacés sentir diferente,
porque me das ánimos,
sos mi amiga,
porque a veces me querés,
a veces te gusto;
porque te quiero,
por instinto o por más...

Vos poseés todo lo que un hombre
quiere, desea y sueña
de una mujer,
pero sos una estrella distante
y alumbrás otro sistema.

Me gustás porque sos prohibida.
Me gustás,
porque no puedo tenerte.
Me gustás por eso,
y por todo lo que sos...
¡Me gustás!

Hermógenes L. Mora

Me engañé

Sabía los riesgos que tomaba
abriendo mi corazón a un lobo,
y yo no era caperucita,
no era la víctima.

Sabía que no me había ofrecido el cielo,
pero en sus brazos
yo me sentía en él.
Me había dado más motivos para irme
que para quedarme,
pero yo seguía autoengañándome
y, sin duda, eso me hace
más masoquista que fuerte.

Sabía que no me quería,
que tenía a miles tras su estatus,
tras su cuerpo,
pero eso no me importaba,
a mí solo me importaba su amor
y quizás ese era el problema.
Ya era hora de dejar de engañarme,
era tiempo de abandonar, aceptar y soltar.

Sabía que esto no debía cambiar mi ser
ni mi alma,
solo era una etapa,
y lo aprendido
era lo único que importaba.

Andrea García R.

A solas conmigo

Ojalá entendieran
que hay días en los que me alejo de todo,
que tomo un tiempo para estar conmigo misma.
Que en esos momentos no estoy depresiva,
no estoy triste y mi mundo no está patas arriba.

Que sé que muchos quisieran saber qué me pasa,
pero la verdad no sabría explicarlo.
Entro en un proceso de hibernación,
donde solo yo puedo restablecerme.

Que no estoy molesta con el mundo,
que no tengo el corazón roto.
Que a veces solo quiero paz.
Esa que, en ocasiones,
no consigo entre el ruido de tantas personas.

Noelia Guzmán.

Si de pruebas hablamos

Me remito al silencio,
porque a veces las palabras
ahogan tanto como la pena
y no encuentro salida
en la verborragia de mi lengua.

Me remito a la sal de mis lágrimas,
como prueba de que la vida
no es solo amarga o dulce,
también es sodio
y un poco ácida.
Una mezcla de sabores que la hacen única.

A veces pareciera
que no estoy lista para degustar
ciertos caminos o pruebas,
pero el contratiempo del reloj marca otro compás.
Todo está dispuesto y los hechos
se suceden,
acontecen,
y mis manos no tienen la fuerza
para frenar este efecto dominó.

Me remito al calor de su mirada,
la compasión de sus esperas,
la compañía de sus espacios,
porque me habita y lo habito,
nos habitamos

y todo se convierte.
—de forma mínima, incluso imperceptible—
se convierte,
y mis venas son surcadas por la verdad.

Me remito al silencio,
porque en él también me hallo
y a él
y su amor incondicional
por cada uno de mis errores.

Juliana Del Pópolo

Catarsis

Me he hablado.
Desde el susurro hasta el grito.
He sido todos los que he nombrado.
Y he sido ajeno a cada respuesta,
a cada rostro.

Necesité callar para pensar
y trenzar el dolor, uno a uno.
Llorar a veces,
para lavar la oscuridad inevitable.

Golpear la pared y el corazón.
Aprender a ser, otra vez.
Hallar esa luz de la que hablan.

Esto de caminar es dulce,
más real que vivir sostenido por las sombras.
Esto de caminar es dulce,
una constante negación de la verdad.

Una versión distinta cada vez.
Una conversación con el espejo.
Un salir a la ventana y observar.
Un pellizco en la mejilla.

En eso me he convertido
para volver a ser
uno.

Simón Caballero.

Amor de poeta

¡Quien ama como un poeta,
que da su corazón entero
en una rosa o en una violeta,
se declara prisionero!

El amor de poeta es amor,
amor de verdad,
amor que, en una flor,
habla de fidelidad.

Amor que en un verso es
pureza y sinceridad,
amor que, sentís y no ves,
porque es amor de verdad.

Amor hasta la muerte
como el de Romeo y Julieta,
amor así de fuerte,
solo el amor de poeta.

Hermógenes L. Mora

Refractaria

No explotó mi médula espinal
ni se fundieron mis células.
No se ha derramado
ni una sola gota de mi sangre
por los golpes que me han dado.

No se resquebrajó mi alma
por las palabras que pusieron en mi boca
ni se desató un apocalipsis
por esos actos de los que me hacen protagonista.

No he muerto
ni mis versos.
No he claudicado ante el desasosiego
ni he dejado de vivir.
Porque soy refractaria,
uno de los elementos más fuertes:
mujer.

Juliana Del Pópolo

Separados

Al margen de ti

Al margen de ti, algo falta.
Las noches duelen,
los días son largos.

Al margen de ti, la vida pesa.
Se desequilibra mi andar,
el mañana espanta.

Al margen de ti, todo sobra.
No necesito nada de lo que tengo,
me sobran tiempo y ganas.

Al margen de ti, no distingo la lluvia.
No siento calor ni frío,
ya no soy intensa, ya no soy yo.

Es que yo me enamoré de tu locura,
de tu forma simple de ver las cosas.
De todo lo que eres por dentro y que no se ve.
Pero tuve miedo y escapé.
Y me sobrarán días para arrepentirme.

Al margen de ti,
pienso en lo que he dejado ir
por ser cobarde y no arriesgarme.
Y amarte sin hacer ruido
es todo lo que puedo hacer
porque no puedo tenerte aquí,
rozando cada milímetro de mi piel.

Al margen de ti,
he descubierto que no puedo maquillar mi alma,
que ya no me puedo mentir,
que te extraño más de lo que jamás
pensé poder resistir.

Denisse Martínez

Extrañándote

He visto a las parejas besarse,
jóvenes que han encontrado
el ensueño en el amor;
¡ah!, pero también he visto
un beso en parejas mayores
que pasaron ya la edad de las flores,
y dejaron atrás los sinsabores del amor.
Y ven, en una sola carne,
el fuego de la pasión,
entregando, alma y corazón.

He visto el amor brillar,
y la pena me agobia
por estar a la distancia,
¡extrañándote!,
dulce flor de la primavera
de mi vida.

He visto
a los palomos coquetear
a sus palomas.
He escuchado
el canto de las aves,
su trinar en mis oídos.
Y a diario extraño tu voz,
como si fuera el canto
del zenzontle,
que canta en el árbol

de mango
del pequeño patio
de la casa
que nos ha visto
envejecer juntos.

Y me pregunto:
¿Qué será del mañana
si la distancia no se acorta?
¡Es tan breve la vida
y tan sublime el amor!

He visto
a los palomos
coquetear a sus palomas.
Y he sentido,
que te extraño tanto hoy,
como si mañana
no fuera a tener el tiempo
para hacerlo.

He visto
a las parejas besarse.
Y yo
¡extraño tanto tus besos!

Hermógenes L. Mora

Vacía de ti

Me pesa la vida desde que no te hago verso,
las noches son más largas,
no hay vida después de los sueños,
y todos los amaneceres sucumben
a mis tres puntos suspensivos eternos.

Me pesan los besos en la punta de los dedos,
los hago poesía para evitar que se olviden
del contorno de tu espalda siendo lienzo
de cada letra náufraga que, en mi pluma, espera.

Me pesa la inquietud del tiempo
que se escapa entre mis dedos
mientras, entre ellos, barajo ideas de volver a escribirte.

Me pesa la arritmia
que provoca el disparo de tu voz
haciendo eco aquí dentro,
es tan solo un recuerdo
que a veces me atormenta y otras me arrulla.

Me pesan un poco los días sin el fuego de tus ojos
y rompo cuadritos de un calendario
como jugando con una margarita,
siguiendo la cuenta regresiva
que termina uno más uno en la cama

Juliana Del Pópolo

Jamás fue amor

Te adoré con el alma.
Te quise con mi vida,
pero la calle era tu prioridad.

Tenías todas las de ganar conmigo,
mas tus mentiras,
tus heridas,
hicieron que me marchara de tu lado.
Te quise y te quiero
pero el amor por mí debe ir primero.

Fuiste mi luz y quien provocaba
la oscuridad de mi ser.
Me llenabas de angustia,
de incertidumbre,
de ilusión,
en muchas ocasiones de alegría,
pero, vida mía, eso no es amor.
El amor es mucho más que eso.

Decías amarme,
pero las acciones te desmentían.
Dime qué gano yo
con que me digas «te quiero»
si tus acciones me gritan
que escape de tu lado.

El amor no es hablar bonito,
es hablar con la verdad.
Es aceptar nuestros defectos
y cambiar por nosotros mismos
para no perder a quien amamos.
No es cambiar tu esencia,
es repensarnos para no perder a esas personas
que sabemos, les estamos haciendo daño.

Andrea García R.

Se esfuma

Alguien me decía que el amor,
poco a poco, se esfuma.
Pierde el brillo, como una flor
pierde su esencia bajo la bruma.

El beso antes de dormir
ya pierde todo sentido,
ya todo deja de existir,
en cada suspiro, en cada latido.

El amor se pierde un día,
lo dejamos partir,
con la ausencia tuya y mía,
sin el beso antes de dormir.

Hermógenes L. Mora

Ansiedad

A esta noche le falta algo,
o quizás le falta alguien.
La noche vacía, la mañana,
las palabras, el amor.
La circunstancia, el exilio.

A esta noche le falta alguien.
Si no palpita el cielo sobre mí,
si no canta el fuego en la hoguera,
si no es su voz la que desafía al silencio,
le falta algo a este momento.

La ansiedad me reclama un beso
porque sabe,
que quien falta esta noche,
eres tú.

Simón Caballero

Sonrisa

Tengo una sonrisa que nadie entiende.
Esa cuando tu recuerdo
me viene a besar el corazón.

Esa sonrisa me recuerda
lo sensible que soy a ti,
y me hace pensar que,
con la distancia, has aprovechado para meterte
más dentro de mí.

Mientras más te recuerdo, más creces.
Ya no cabes aquí,
por eso necesito escribirte
y embellecer al mundo
con los versos de los que tú has sido musa.

Sé que volveré a verte
y a reventar de emoción al abrazarte,
tanto, que sentirás
lo fuerte que se ha vuelto este amor.

No le sonrío a la nada,
como dicen por ahí,
le sonrío al recuerdo de ti.

Fredy Jiménez

Mirada chocolate

Este fragor incesante de máquinas rugiendo
me hace perder el gusto por ese paisaje gris
de nubes revolviéndose en lo alto.

La naturaleza frenética se desborda
como se desborda mi pensamiento por ti
cuando me clavas tu mirada
a través de una fotografía,
y tus ojos chocolates se convierten
en una luz que enciende mi corazón.
Y él, palpitante, te suspira y te siente cerca,
aunque la distancia sea todo lo que nos una.

Y yo pienso en tu mirada chocolate,
y en tu sonrisa azul de musa divina.
Por eso, me he sentado en este lugar
donde el autobús se espera,
me senté y tú inundaste mi pensamiento,
con tu sonrisa azul y tu mirada chocolate.

Hermógenes L. Mora

Amores

Hay amores que son calma y a la vez
lluvia de besos,
que te hacen arrepentirte
de haber perdido tiempo en otras bocas
y de regalarle margaritas a quienes,
en lugar de cuidarlas,
las deshojaban para otro amor.

Amores que son un baile,
y otras veces,
música para tirarse al suelo,
agradecerle a Dios
y perderse admirando el arte de sentirse amado.

Amores que saben envolverte con una mirada,
que se te escabullen en el alma sin rasguñarte el corazón,
y que te desnudan mucho antes de quitarte la ropa.

Amores como con el que nos hemos vestido el corazón,
que se construyen y se hacen fuertes cuando caen,
y que ponen de excusa no conocerse,
para besarse como si fuera la primera vez.

Fredy Jiménez

Estrellas

Un cúmulo de luces se asoma por el norte,
apenas el sol decide alejarse a su exilio.
Almas que están presas en distintas latitudes,
deseos que se cuelgan en el cielo,
y se hacen a los ojos.

Amores que habitan las galaxias en forma de astros.
Un cúmulo de historias convertidas en ocaso,
espacio y tiempo.

Allí están intactas y serenas,
muriendo entre el silencio,
y robándose la atención del amor.

Luciérnagas que son fragmentos
de intensos relatos que guardan sollozos.
Testigos de historias tomadas,
que cruzan la oscuridad.
Mareas danzantes.
Un hombro en noches oscuras.

Allí están intactas,
viviendo entre la bruma.
Naciendo de la luz y los deseos sin cumplir.
Queriendo ser eternas,
como aquellos que las invocan.

Simón Caballero

Anhelo

Nostalgia

Los días pasan repletos de esta añoranza de ti.
Un vacío arropa cada rincón de mi ser.
Ha vuelto la desesperanza a mí,
después de haber sentido todo eso por ti.
Me lancé directo a una trampa
en mi desesperación por amar.
Es que tenía prisa por encontrarte.
Tanto, que te vi y no quería soltarte.

La nostalgia se hace compañera
de cada una de mis noches
y se empeña en recordarme cada detalle de tu piel.
Los días se ensañan conmigo,
llevándome directo a tus abismos.
Tu locura me secuestró los sentidos
y no deseo otra cosa que volver a apaciguarla.

Quisiera poder darte un poco de mi calma,
regalarte mis dudas,
mis miedos,
todo lo que soy,
y lo que busco ser.
Quisiera poder regalarte mis desvelos,
y las ganas que dejaste a medio saciar.

En cambio,
es imposible siquiera que me pienses
y que conserves algo de mí en tu memoria.

Así por lo menos valdría la pena esta nostalgia
de no poder abrazarte el alma por siempre,
y no tener una historia juntos.

De no poder ser, el uno del otro.

Denisse Martínez

No sabes

Cada mañana veía que era tu deleite
atrapar miles de miradas hacia ti.
Despertar la pasión en más de una mujer,
menos en mí.
Yo era invisible delante de tus ojos.

No sabía cuál sería el día,
el lugar, ni la hora,
cuando por fin decidieras voltear la mirada hacia mí.
Verme de manera diferente.
Verme, al menos, una cuarta parte
de la que te veo yo a ti.

No sabes
lo duro que era recibir tus órdenes,
y jamás tus besos.
Era una ilusión tenerte, al menos, como amigo
y compartir momentos.

No sabes
cuán difícil era sentirte cerca,
y tenerte tan lejos.
Jamás podrás imaginar
lo que se siente tener a quien amas
como tu amo y no como tu amor.

No sabes
lo duro que fue estar contigo,
pero no junto a ti.

Andrea García R.

Sentimiento entre líneas

¿Qué estás sintiendo por mí?
¿Me piensas?
¿Y me vuelves a pensar acaso?
¡Ah, no estás para responderme!

A mí tú me gustas
y, extrañamente,
he comenzado a pensarte.
Cual si fueses una aparición
llegas a mi cama, te quedas,
pero no puedo tenerte,
te desvaneces,
con mis pupilas soñolientas
como un aire pasajero,
te vas sin darme un beso.

Pero yo te espero,
y te busco de nuevo.
Al abrir los ojos,
veo hacia el celular
para buscarte entre líneas,
tú, mi frágil libélula,
quizá me hayas dejado
un mensaje de texto.

Hermógenes L. Mora

Falsas esperanzas

No tienes idea
de cuántas veces soñé contigo,
cuántos suspiros que llevaban tu nombre
disfracé de olvido.

Nunca te imaginarás
todo el deseo
con que mis ojos te miraban,
y mis labios
añoraban darte más que un beso en la mejilla;
y que los míos fueran el anhelo para los tuyos.

Mis esperanzas han sido tan tercas,
que aun sin razón,
siguen con la ilusión de mantenerse con vida,
aunque después de todo,
me quede sin ellas, sin nada.

Andrea García R.

Vórtice

Las noches traen consigo espasmos de anhelos
y en el vaivén de la luna bailan los secretos
que no pudimos contar.
Tengo una película de miedos tatuada en mi retina,
si miras mis ojos solo verás caos, confusión,

                                        un silencio
que no hace más que gritar
mientras en mi mente la neblina
da paso a una tormenta de ansiedad
y mi cuerpo se hace acopio, temblando, extrañando,
intentando salir de esa vorágine de
espinas que solo trae recuerdos.

Me hago mar y entre las olas un manto de arena me golpea
¿puede ser alguien rescatado de la oscuridad?
La sal de los ojos arde, la luz no ilumina lo suficiente
y las flores del jardín se vencieron
como una forma de decir que,
a veces, la vida te deja caer y levantarte solo depende de ti.

He perdido la cuenta de cuántas horas
tengo marcadas en mi sien
–una por cada una de las que no pude dormir,
dos por cada una en las que la nostalgia me dejó sin aire,
tres por cada vez que tu indiferencia
me quebró los huesos–,
lo que sí he contado son los días
que llevo aguantando la respiración

para no volver a ese cuarto marchito
que hay dentro de mí.

Los días pasan y, entre más tengo por hacer,
más se extienden mis ansias
por recostarme un rato y abrazarme.
Pero lo que más resiente mi cuerpo
es la falta de calor que por momentos aparece.
Entonces, lo único que tengo son esas ganas
incontrolables, irrefrenables
de tus brazos a mi alrededor.
Y mi piel quema,
grita tu nombre.

Aún no sé si la escuchas...

Juliana Del Pópolo

Más que todo

Más que pasar una noche contigo,
quiero ver cómo despiertas.
Más que una cena lujosa,
quiero preparar tu comida favorita.
Más que ser quien te quite el sueño,
quiero ser quien te ayude a realizar
cada uno de ellos.
Más que buscar tus debilidades,
quiero ser quien te recuerde tus fortalezas.
Más que aumentar tus miedos,
quiero ser quien te ayude a superarlos.
Más que pasar,
más que una cena,
más que buscar,
más que aumentar,
quiero ser la chica en la que te encuentres,
cuando pienses que todo está perdido.

Noelia Guzmán

Plegaria

Ojalá tuviera la piel tu acento,
y tu beso fuera mi abrigo.
Ojalá no fuera el destino
quien trajera el sufrimiento.

Ojalá olvidara el lamento
que se escucha en la montaña.
Ojalá el tacto se amañara
en la carne de los hombres.

Ojalá la flor tuviera tu nombre,
y los campos tu color.
Ojalá tuviese el sabor de tu boca
el horizonte.

Ojalá llamase el monte
a mis labios como suyos.
Ojalá el jilguero audaz
no muriera sin su techo.

Ojalá rimara mi pecho
con el furor de tus latidos.
Ojalá no me hubiera dormido
en las fauces de otro lecho.

Simón Caballero

No dejaré de buscarte

El mundo podrá caerse a pedazos,
el fuego del infierno podrá recorrer
cada mar de rosas y flores,
cada río de arte e historia,
pero nunca dejaré de buscarte.

Nunca dejaré de buscarte,
porque en cada esquina del existente vivir deseo tu nombre;
porque en cada sueño profundo cayéndose a pedazos
anhelo mil y un par de tus amores.
El mismo deseo ante el mundo,
ante el caos, el silencio, el olvido, los
astros, la historia y el arte.

—Por eso nunca dejaré de buscarte.

Víctor Taveras

Recorrido del río

El río,
que en su caudal acaricia y moldea las piedras en su fluir,
se baña y se besa en la luz
que se cuela entre las hojas de los árboles
y, a su vez,
mientras se abre paso
por los virginales senderos del bosque,
arrastra a estas hojas y flores a otros lares y destinos,
siendo vehículo,
camino,
y amigo
de tantos inusuales viajeros.

Y es en su serpentino discurrir,
donde tantas veces les canta,
les ruega,
y les llora a las nubes
para que misericordiosamente,
y cual amante impaciente,
se derramen una
y otra vez sobre su cauce
y sacien sus aguas.

Jorge Tarafa

Rumores de guerra

La muerte quiere amantes,
noveleros, cantantes,
y unos cuantos escritores que, en su poesía,
tu nombre sea lo único que resalte.

La vida anhela soñadores,
prisioneros generosos del romanticismo,
y unos cuantos artistas que resalten,
lo hermoso de tus imperfecciones.

El destino desea narrar
grandes historias y cuentos,
grandes fábulas y un par de anécdotas,
que lleven como protagonista
todo lo que tú has podido vivir
en esta y todas las vidas.

Hay rumores de guerra en la primavera.

—La muerte, la vida y el destino
han proclamado tu nombre.

Víctor Taveras.

Pasado

Inexistente

A nadie contaré de ti
ni diré tu nombre.
A nadie diré que te quise
con el alma y con la piel.
A nadie contaré de ti,
porque no fuiste ni serás mío.

A nadie diré que cada noche
aparecías en mis sueños
y que murmuraba tu nombre en voz baja,
y respiraba tu aliento aun dormida.

Que, aunque tu perfume era discreto,
se quedó grabado en mi cuello.
Que tu boca sabía a gloria,
y era toda una locura
tu manera intensa de amar.
Que había ternura en tu mirada,
y había un niño en tu interior.

A nadie diré que me perdí amándote,
que traicioné mi voluntad
no solo una, sino mil veces.
Que, aunque fuiste volcán en erupción
y me hiciste fuego y cenizas,
volví a sentirme mujer
cuando tus brazos me abrazaron.

Por eso a nadie diré de ti
ni que te quise como a nadie más querré.
A nadie diré que existes
del otro lado del océano.

Denisse Martínez

Vos

Te quedarás en mi corazón.
Cuando pasen los años
y tenga la edad que has vivido hasta hoy,
te recordaré aún.

Y quizá, para entonces,
los blancos cabellos cubran tu cabeza,
o quizá, para entonces,
ya no estés.
Pero yo te recordaré siempre,
como alguien que un día se convirtió
en un mundo especial.

Y si el camino a andar fuese largo,
recuérdame.
Porque yo lo haré
incluso cuando mi memoria empiece a fallar.

Somos marionetas del destino,
experiencias que se quedan en el corazón; y vos…
Vos te quedarás por siempre en el mío.

Hermógenes L. Mora

Te quise

Te quise con el alma,
con el cuerpo,
con las ganas
y con mi vida.
Fuiste esa mezcla
de tormenta y paz.
Ese para siempre que se cumplirá,
aunque en tu vida yo esté ausente.
Porque en mí,
y en mi corazón,
siempre estarás.

Me hacía la fuerte,
pero eras mi debilidad.
Me hacía la loca,
pero me hacías aterrizar.

Te quise y te quiero,
aunque ya nada
volvamos a ser,
aunque ya solo podamos
narrarnos en pasado.

Aunque hoy finja
que sin ti puedo estar.
Y en verdad puedo,
pero si tuviera la posibilidad
de volver a ti, no lo dudaría.

Porque te quise y te quiero.

Andrea García R.

Se perderán

Se perderán todas las cosas que no sabía que te guardaba,
pero que de manera inherente reservaba,
por si llegabas a mi vida.

Se perderán los sueños que se metían entre mis sábanas
para llamarme por tu nombre
y que soñaban con despertar entre nosotros.

Se perderán aquellas cosas que querían ser tuyas,
y que yo no sabía que eran mías.

Se perderán esas caricias que aún no nos inventamos,
que duermen boquiabiertas en la insensatez
de no atrevernos a dar el primer paso.

Se perderán
los besos, las lágrimas, las tardes largas de domingo,
las risas, las peleas, las miradas de complicidad,
los desayunos de los fines de semana
y los planes que les seguían.

Se perderán las nubes que se parecen a cualquier cosa,
las pendejadas que precedieron algunas peleas,
las poesías, las excusas,
la espera interminable de los flamboyanes,
las discusiones y sus arreglos, la historia.

Se perderán todas esas cosas que se mueren por ser nuestras,
o por nosotros.
¿Qué más da?

Jorge Tarafa

Tus besos

La ciudad está fría
y yo recuerdo tus besos en la frente
como si fuera ayer.
Porque siempre llevabas en tu boca
la medida exacta de calor
que necesitaba mi corazón.

Cierro los ojos
y se me hace imposible sentir ese calor.
Es injusto que el cerebro guarde imágenes
y el corazón sentimientos,
pero que en mis dedos
no se haya quedado la textura de tu piel
y esa sensación de sentir el cielo al tocarte.

Hoy me parezco a la ciudad.
Estoy frío,
y me he permitido un rato de soledad
junto al cuerpo de tu recuerdo.
Mañana me pondré una sonrisa en tu honor
y caminaré,
como si el mundo no me pesara.

Y perdóname,
no quise hacer de un recuerdo grato
algo triste,
pero hoy me lo permito porque te extraño.

Fredy Jiménez

Guardar el olvido

Guardaré el olvido debajo de una cama en el Titanic,
a la sombra de la bandera que dejó el Apollo en la Luna,
al lado de los sueños que se nos olvidan,
dentro de una cueva del monte Olimpo.

Lo escribiré en el aliento de los niños,
lo sembraré en la escarcha de la Antártida,
lo gritaré desde los ojos que sellan la monedas,
lo tatuaré en la piel de las estrellas
y lo colgaré en la cola del cometa Halley.

De forma tal que nunca nos toque,
que no nos destruya,
que jamás nos incinere.
Y así vivamos para siempre en el recuerdo de lo nuestro,
de este amor que no fue amor.

Jorge Tarafa

Amores efímeros

Fuimos de esos amores
que no pueden durar mucho tiempo
por el caos que provocan.
De esos que, cuando se alinean,
se solapan las luces y forman eclipses.
De esos que paralizan el alma y la sacan de su lugar.

Fuimos de esos amores que no temían a lo prohibido,
porque el placer valía más que todo.
Fuimos tanto, vida mía,
y, aunque ahora
solo quede la osamenta de aquellos instantes fortuitos,
quiero que sepas que nadie logrará
borrar lo que me hiciste sentir
ni, mucho menos,
aquello que una vez fuimos.

Noelia Guzmán

Perdidos

El azabache de sus ojos
me traslada a la noche melancólica
en la que viví sumergida por mucho tiempo.
Puedo notar el desvelo producido por el insomnio
en sus pupilas decaídas,
que gritan, a más no poder, que todo termine
como una vez yo lo hice.
Hay resequedad en sus mejillas,
como si por allí no pasase una lágrima
hace mucho tiempo,
porque no le ha quedado otra que tragarse el dolor
hasta saturar su alma con todo aquel veneno emocional
que ha tratado de esconder,
fingiendo que todo anda bien.
Su esencia ya no se siente igual,
va por la vida como un volcán inactivo
esperando el día de su erupción.

Les aseguro que ya he estado ahí, en sus zapatos,
aun sabiendo que calzamos números diferentes,
les aseguro, que he estado ahí,
tan perdida y sin reconocer quién soy.

Shanella De La Cruz

Amor de colegio

Pasaron los años,
pero siempre guardé tu recuerdo de la manera más bonita,
ahí donde nadie le pudiera hacer ni un solo rasguño.

Hoy nos volvemos a encontrar, amor de mi juventud,
menos jóvenes,
más maduros,
más fuertes
y un poco cansados.

Dime, ¿qué fue de tu andar sin mí?
Te ofrezco este poco de vida que me han dejado
y esta boca que ansía conocer de nuevo la tuya.
Por ahora solo diré que algo mágico ha pasado.
Imagínate yo, a esta edad,
y después de tantos golpes,
creyendo aún en la magia.

Fredy Jiménez

El abrazo que no te di

A veces me pregunto cómo seguir
cómo abandonar la idea de volver a verte,
cómo despedirte
si el abrazo que debía darte
quedó estancado en mi pecho,
hirviendo en mis venas.

Cierro los ojos y veo tu sonrisa,
tu mirada un tanto cansada y sabia,
la fortaleza que surcaba tu piel
en donde se reflejaban años de amor,
de dolores, de verdades.

Cierro los ojos e invades mi mente,
oigo tu respiración acompasada
mientras duermes,
la dulzura de tu voz mientras trazas líneas entre historias
y me muestras un mapa, el de tu vida.

Y me quedó así, de ojos cerrados,
y tu voz hace eco en el frío de mi interior.
Un frío que quema
como quema el abrazo estancado
que duele en mis brazos.

Pero abro los ojos y el celeste del cielo
me da la bienvenida
me dice que ahí estás,

entre los rayos de sol
que me acarician.
Y tomo consciencia del calor abrasador
de ese abrazo lleno de amor que sí nos dimos,
antes, mucho antes.
Y aunque sepa que
no te volveré a ver,
sé que nos abrazamos cada vez que pudimos.

Entonces recuerdo las risas, los silencios,
las promesas perpetuas que se hicieron nuestras almas,
las noches de antaño durmiendo en la terraza,
escapando del calor, leyendo las estrellas.

Y te recuerdo hermosa, tranquila, inquieta,
compasiva, amando a cada segundo,
viviendo una vida plena.

Te recuerdo y recuerdo quién soy.
Sé que vives en mí.

Juliana Del Pópolo

Adiós

Duelo

Aquella noche, el nudo en mi garganta
oprimía mi existencia,
cada lágrima derramada llevaba consigo
un poco del dolor que mi pecho se negaba a soltar
y que por mucho tiempo se negó a ver.

El frío que mi cuerpo emanaba,
arropaba mi alma,
como manto en día de lluvia.
No sabía si parar o seguir,
pero mientras más pensaba,
más me hundía en la incertidumbre
de no saber qué pasaría conmigo
en los siguientes días.
¿Cómo enfrentaría el eclipse solar de sentimientos
luego de que nuestros cuerpos confabularan
cada mañana e infinitas noches?
¿Cómo poder aceptar que nuestra historia
no pasó del prólogo, cuando pintaba ser
un amor sempiterno?

Shanella De La Cruz

Te dejo

Estas palabras las teñiré de despedida,
serán las últimas que mi amor te dedique,
al menos de esta manera.

Te dejo, amor,
y lo hago porque te amo.
Porque tengo que dejarte encontrar puerto,
y yo tengo que dejarme volar.
Al final, ambos buscamos glorias distintas,
tú quieres sumergirte en la eternidad
y yo, yo soy la llama de la incertidumbre y lo efímero.

Te dejo, amor, y lo hago por amor.
Extrañaré tus labios con desesperación
y el acto de socavar en tu espalda los trozos de mí,
que se quedan dentro de ti, cuando te tengo.

Te dejo, amor,
aunque me muera en este acto
de salvaguardar tu felicidad,
que seguramente bautizarás de cobardía.

Pero te dejo, amor,
porque no es justo que vivas prendida
de una esperanza infundada.

Jorge Tarafa

Sentimiento gris

Ahora no debo quererte,
porque con imprudencia
me hiciste creer un amor
que no sentías.
Mañana no debo olvidar,
porque no quiero perdonarte
por engañar a mis instintos.
Debería pensar en olvidarte
porque no puedo amarte
más de lo que ya te amo.

Quiero tener voluntad de acero
y no retroceder a las dudas,
porque, si vuelvo atrás una vez más
y me digo que te quiero,
estaré presa de ese sentimiento
por toda la eternidad.

Quiero pensar en blanco y negro,
para así engañar a mis ganas.
Quiero permitirme tener este sentimiento gris,
para saberme humana y fuerte.
Quiero tener el coraje de mirarte,
como si no te conociera
y así, parecerme un poco a ti.
Quiero de una vez por todas odiarte,
para no perderme
en toda esta locura de amarte.

Denisse Martínez

Canto a la partida

Tu partida hiere mortalmente la esperanza,
pero no mata ni maltrata al amor.
Siembra en mis poros la víspera de la añoranza,
pero no mancha, ni marchita mis versos de rencor.
Me esclaviza al recuerdo de nuestras dulces andanzas,
pero no vacila en incitar el fuego del dolor.

Tu partida es la sal en la herida,
es la zozobra vacilante de mi abrazo.
Un disparo sin orificio de salida,
así es la ausencia que se clava tras tus pasos,
el vaho de las flores que no conocerán tu vida,
y que languidecen en el que fue una vez tu regazo.

Tu partida estremece los mares de tu gracia,
marchita las sonrisas que siempre fueron resplandor,
hace agonizar los sueños que no he tenido todavía,
aquellos que tantas veces le prometí a tu candor.
Tu partida me quiebra en dos ahora,
porque esto que seré yo cuando te vayas,
mi amor,
      seguro que no podrá llamarse vida.

Jorge Tarafa

Reciclaje

Recogeré sus recuerdos en esta cubeta.
Allí, no molestarán más.
Transformaré la pena en colores.

De sus noches de olvido,
sacaré versos nuevos.

De su piel seca,
sacaré flores de papel, para soltar al viento.

De sus labios tímidos y ajenos,
sacaré sonrisas de luz.

Me quedaré con la cara bella de esta vida,
y aquello que no le sirva al pecho para latir
se irá al olvido.

Simón Caballero

Tu recuerdo

Estoy inmensamente agradecida
por el tiempo que hemos podido ser.
Tanto, que recordaré y apreciaré
cada momento vivido a tu lado.
Desde tu primer buenos días aquella mañana,
hasta mi adiós entre lágrimas aquella tarde.

Será todo un placer rememorar tus sonrisas,
cuando te eche de menos los domingos.
Cerraré los ojos
e imaginaré que los tuyos están fijos hacia mí,
mirándome, como si fuese lo mejor de tu vida,
porque no tengo duda de que así me recordarás.

Sé que en ocasiones no evitaré el gusto
de ver los sentimientos capturados en nuestras fotografías,
sé que observaré cada video como lo hice al instante,
luego de haberlos grabado.
Y sonreiré como la típica chica enamorada
que nunca dejará de amarte, aunque no vayas con ella.

Shanella De La Cruz

Limpieza de otoño

He sacado recuerdos sucios a la calle,
para ver si pasa por ellos el olvido.
Amores que decían amar.
Perdón disfrazado de lástima.
Cariño envejecido por el tiempo.

He barrido el corazón, varias veces,
y he encontrado algunos besos bajo la alfombra.
Colgué en el patio las miradas,
aún húmedas y ajenas,
y respiré por fin.

Respiré una verdad que desconocía.
Un viento de norte y sur,
una palabra que ya no se decía,
y un abrazo, silencioso, pero mío.

Ahora está limpio para un querer,
para un amor.
Una visita inesperada.
Un alma que nunca se vaya.

Simón Caballero

Reminiscencia

No te atrevas a robarme el aliento,
a crear en mí esperanzas
ni a convertir mis noches en un calvario,
porque he transformado un desierto completo
en un bosque de eucaliptos,
y mientras su aroma penetra mi sien,
tus espacios van siendo reemplazados,
se van llenando de estrellas,
de paisajes inminentes y nuevos suelos por explorar.

No te atrevas a anhelar mis besos
que son carne de mis letras y, en ellos,
corren mis verdades —las que te quitaban el sueño
y despertaban tus deseos—
y hoy beben de una copa sin veneno.

No quieras apresar mi dolor
para luego servirte de él.
No es justo que tengas ventaja
por sobre mis reacciones,
como cuando conocías de antemano mi alma
y metías tus dedos en los agujeros precisos,
reavivando el dolor,
haciéndome callar,
ausentar,
esquivando mis defensas,
manipulando mis ataques.

No te atrevas, siquiera, a pensar por un segundo
que puedes quedarte siendo parte de mí,
no hay reminiscencia que pueda hacer que olvide
toda la arena que tiraste sobre mis poros
hasta convertirme en médano.
No te culpo…
yo era débil,
pero decidí transformar ese páramo y su aridez en algo
más;
raíces y hojas,
agua y luz,
viento y roca.

Hoy soy un vasto bosque lleno de recuerdos
y en él habita también el olvido.

El de tu voz, para empezar.

Juliana Del Pópolo

Ya no quiero

Ya no quiero.
Hace muchas lunas que tú y yo fuimos,
pero el cielo sigue hablándome de ti,
se empeña en mantener intacto tu recuerdo,
que sigamos siendo, sin estar.
Le grito que ya no quiero seguir con esto,
que borre tu tono de voz,
que borre tu mirada fija hacia mí
cuando cantaba tu canción favorita.

Pido piedad ante él,
ya no quiero sumergirme en lo que pudo haber sido,
ya no quiero seguir atada
a un hilo que tú soltaste,
ya no quiero.

Shanella De La Cruz

Bastar el amor

Me dormí con la purpurina de mis sueños
debilitándose
mientras contaba en mi mente:

No bastó la poesía para unir nuestras almas,
los versos se atoraron en un remolino de puñales,
algunos me atravesaron, todos me demolieron.

No bastó el llanto compartido,
la sal de las lágrimas acumuladas
mientras nos hundíamos en vino y cigarro,
el vino estaba picado, el cigarro, humedecido,
y me quemaron la garganta.

No bastaron los kilos de borra de café,
los secretos inmaculados desvestidos solo en horas puntas,
se perdieron entre tu mirada infantil y tu lengua inconexa.

No bastó la compañía, pues la soledad, esa tórrida infame,
supo emancipar nuestros huecos.
Al final, preferimos estar en nuestros rincones
a compartir un pedazo de cielo al cual sonreírle.

No bastó el amor, no hay amor sin respeto, sin verdad,
y tú quebrantaste ambos, todos,
mientras yo aún intentaba coser las
heridas que nos componían.

No bastó
nada…
No bastamos.
Solo somos polvo, cenizas de lo que un día fuimos,
de lo que pudo haber sido;
porque no bastan dos almas
viviendo en el mismo tiempo,
lo que las une va más allá de lo tangible,
y tú y yo ni siquiera existimos en el mismo polígono.
No fuimos más que un borrón
en el telar de la humanidad,
y tus manos no hicieron más
que prodigar caricias que, luego,
se convertirían en puñales.

No bastó el amor. No.
Por eso hoy te digo adiós.

Juliana Del Pópolo

Indice

Índice por autor

www.ingramcontent.com/pod-product-compliance
Lightning Source LLC
Chambersburg PA
CBHW020926160726
47993CB00005B/2158